Lk 2299.

DE PÉRIGUEUX

A

COUTRAS

PAR

AMÉDÉE MATAGRIN

PÉRIGUEUX

AUGUSTE BOUCHARIE, IMPRIMEUR-ÉDITEUR

RUE AUBERGERIE, N° 17

1857

TABLEAU DES DISTANCES.

De Périgueux à Razac, 11 kilomètres. — De Coutras à Razac, 64 kilomètres.

De Périgueux à Saint-Astier, 18 kilomètres. — De Coutras à Saint-Astier, 57 kilomètres.

De Périgueux à Neuvic, 25 kilomètres. — De Coutras à Neuvic, 50 kilomètres.

De Périgueux à Mussidan, 36 kilomètres. — De Coutras à Mussidan, 41 kilomètres.

De Périgueux à Bénévent, 44 kilomètres. — De Coutras à Bénévent, 31 kilomètres.

De Périgueux à Monpont, 52 kilomètres. — De Coutras à Monpont, 23 kilomètres.

De Périgueux à Saint-Médard, 68 kilomètres. — De Coutras à Saint-Médard, 7 kilomètres.

De Périgueux à Coutras, 75 kilomètres.

De Périgueux à Libourne, 92 kilomètres.

De Périgueux à Bordeaux, 127 kilomètres.

De Périgueux à Angoulême, 158 kilomètres.

De Périgueux à Poitiers, 270 kilomètres.

De Périgueux à Tours, 371 kilomètres.

De Périgueux à Blois, 425 kilomètres.

De Périgueux à Orléans, 483 kilomètres.

De Périgueux à Paris, 606 kilomètres.

TABLEAU DU PRIX DES PLACES.

	1re CLASSE.	2e CLASSE.	3e CLASSE.
	fr. c	fr. c.	fr. c.
Razac	1 25	» 90	» 70
Saint-Astier	2 »	1 50	1 10
Neuvic	2 80	2 10	1 55
Mussidan	4 05	3 »	2 20
Bénévent	4 95	3 70	2 70
Monpont	5 80	4 25	3 20
Saint-Médard	7 60	5 70	4 20
Coutras	8 50	6 40	4 70
Libourne	10 30	7 75	5 65
Bordeaux	14 20	10 65	7 80
Angoulême	17 70	13 25	9 75
Poitiers	30 25	22 70	16 65
Tours	41 55	31 15	22 85
Blois	47 60	35 80	26 20
Orléans	54 10	40 55	29 75
Paris	67 40	50 55	37 10

DE PÉRIGUEUX A

N.-B. Pour les heures de départ et d'arrivée, voir l'*Indicateur* du mois.

NOTICE

SUR

LE DÉPARTEMENT DE LA DORDOGNE.

Le département de la Dordogne est situé au sud-ouest de la France; il emprunte son nom à celui de sa rivière principale, formée de deux ruisseaux, le *Dor* et la *Dogne*, qui sortent du Mont-Dore et confondent leurs noms avec leurs eaux à quelque distance de cette montagne. Il est borné à l'est par les départements de la Corrèze et du Lot, au nord par celui de la Haute-Vienne, à l'ouest par ceux de la Gironde et de la Charente, au sud par celui de Lot-et-Garonne. Sa surface carrée est de 941,400 hectares.

Le département de la Dordogne comprend l'ancienne province du Périgord, une faible partie du Limousin, quelques portions du territoire de l'Angoumois. Ce nom de Périgord lui venait du mot latin *Petrocorii*, par lequel César désigne, dans ses *Commentaires*, les anciens peuples de la contrée dont la capitale fut d'abord *Vezunna*, qui prit au IVe siècle le nom de *Petrocorium* et le changea plus tard en celui de Périgueux.

Tombé au pouvoir des Goths, dans le commencement du Ve siècle, conquis par les Francs, gouverné par des comtes d'institution carolingienne, le Périgord fut réuni à la couronne par Henri IV.

La langue vulgaire, dans le département de la Dordogne, comme dans tous ceux du midi, tire sa principale origine de la langue latine que les Romains avaient apportée dans cette partie de la Gaule.

Ce département est divisé en cinq arrondissements dont les chefs-lieux sont : Périgueux, Bergerac, Nontron, Ribérac, Sarlat. Son sol, grâce à la culture perfectionnée dont les grands propriétaires ne cessent de donner l'exemple depuis quelques années, est devenu un des plus riches, des plus fertiles; tous les genres de culture y réussissent : le froment et les autres céréales, les pommes de terre, les noix, les châtaignes, la vigne, les arbres fruitiers, les betteraves, les raves, les foins, qui sont d'une venue admirable dans les vallons, le figuier, le mûrier, etc.

Ses vins sont généralement exquis, et un grand nombre de ses crus, quoique moins réputés, valent ceux du Bordelais, son voisin.

Ses truffes, dont la renommée est universelle, ses champignons connus sous le nom de *ceps* et d'*oronges* sont des produits qui lui sont propres, tant par la quantité que par la qualité.

La Dordogne ressort de la cour impériale de Bordeaux. Les assises se tiennent tous les trois mois à Périgueux, et sont présidées par un conseiller de cette cour, délégué par le ministre de la justice.

On compte dans le département cinq tribunaux

civils de première instance et quarante-sept justices de paix.

La Dordogne n'est aujourd'hui qu'une subdivision dépendant de la 14ᵉ division, dont le chef-lieu est à Bordeaux. Un général de brigade la commande.

Six grandes rivières et six cents ruisseaux plus ou moins importants, et dont le cours est supérieur à 2,400 mètres, parcourent le département dans tous les sens.

Ces rivières sont : la Dordogne, la Vézère, l'Auvézère, l'Isle, la Drône et le Drot. Les ruisseaux les plus considérables sont : le Manoire, le Vern, la Louë, la Beauronne, le Blame, le Trincou, la Couze, la Conne, la Gardonnette, la Lidoire, le Caudou, la Crempse, la Rège, la Colle, la Belle, le Boulou, la Rizonne, le Bandiat, le Trieux, la Valouze, la Tardoire, la Nizonne, le Cëou, l'Hyronde, le Coly, la Beüne, le Salembre, le Lavaud, le Leyraud et la Cuze.

Le fer et le manganèse sont les seuls minéraux qu'on trouve en Périgord. Le fer surtout y est abondant. On l'y rencontre en pyrites, en mine limoneuse, en ocres, en géodes et quelquefois par bancs; c'est alors qu'il est exploité. Les mines de fer du Périgord ont été célèbres dans tous les temps. Les Gaulois les fouillaient, ainsi que les Romains, comme l'attestent plusieurs débris de forges gallo-romaines et le témoignage de l'historien Strabon. Dans le nord du département, on a découvert des indices de mines de cuivre et de plomb.

Le commerce des bestiaux : bœufs, moutons, cochons, s'y fait sur une très-grande échelle. Le produit des cochons est un des meilleurs revenus de l'agriculture. On en élève partout, et il s'en exporte une très-grande quantité à Bordeaux et dans les autres contrées de l'ouest et du midi; l'espèce en est très-belle et la chair délicieuse.

Ses volailles truffées ont le premier rang dans tous les pays; ses oies grasses et ses dindes sont partout un plat recherché des plus fins gourmets.

Les beautés naturelles y abondent; entre autres, des grottes excessivement remarquables, contenant des stalactites comme il n'en existe que fort peu au monde : notamment celle de Miremont.

Parmi les eaux minérales, on cite celles de Panassou, dont le limon est souverain contre les affections rhumatismales.

Les plus importantes usines du département sont des fonderies, des forges, des moulins, des papeteries.

PÉRIGUEUX.

Cette cité, l'une des principales des Gaules, devint sous les Romains, qui l'appelèrent *Vezunna*, le centre d'un vaste territoire; les dominateurs des Gaules se plurent à l'orner et à l'agrandir.

Ravagée par les Barbares, Vezunna était devenue un bourg sous la première race de nos rois; mais on ne sait ni par qui, ni comment arriva cette catastrophe. Dans le vi[e] siècle, Vezunna perdit son nom pour prendre celui de Petrocorium, que lui donne Grégoire de Tours, et qu'elle garda jusqu'en 1182, époque où Henri II le donna au Puy-Saint-Front, le Périgueux moderne et actuel.

Situé au centre d'une province qui a été longtemps le théâtre de guerres sanglantes, Périgueux a soutenu plusieurs siéges et a été souvent pris et repris par les divers partis.

En 1651, le prince de Condé parvint à s'en rendre maître et lui donna pour gouverneur le marquis de Chanlost. En 1653, la grande majorité des habitants secoua le joug des vainqueurs; Chanlost fut tué, et l'ennemi, assiégé d'abord sur la place de la *Clautre*, qu'il avait barricadée, se réfugia dans l'Évêché, où il fut obligé de capituler et de mettre bas les armes. On cite parmi les habitants qui se signalèrent par leur courage et leur fidélité au roi : Bodin, le chef de l'entreprise; Chaleppe et Robert de la Céparie, qui périrent; Chillaud, Bertin, Du Cluzel, Girard, Lajonye, Labertinye, Dessalis, Geneste, Ducatrie, Chaboussie.

On trouve à Périgueux, ou plutôt, dans la Cité, de nombreux débris des monuments que les Romains y avaient élevés; parmi ces restes nous devons placer au premier rang les ruines d'un amphithéâtre dont les dimensions dépassent celles de l'amphithéâtre de Nîmes. Son grand diamètre avait plus de 150 mètres de longueur et le petit plus de 120. D'énormes masses de constructions, plusieurs cages d'escaliers de diverses dimensions, des voûtes en mauvais état, deux grands vomitoires attestent encore l'existence de ce vaste monument, qui pouvait contenir 40,000 spectateurs.

Non loin de là s'élève la *tour de Vésone*, l'un des monuments les plus curieux de l'antiquité romaine, l'un de ceux qui méritent le plus de fixer l'attention de l'étranger; on croit que ce fut un temple dédié à Isis et à Osiris, divinités égyptiennes; d'autres savants ont pensé que ce fut un tombeau. La tradition veut qu'on adorât dans cette tour un dragon à sept têtes, et que saint Front, le premier évêque de Vésone, l'ait fait périr, après avoir ouvert d'un geste la brêche énorme qu'on y aperçoit encore.

On la suppose construite au siècle d'Auguste; elle paraît avoir eu une plus grande élévation que de nos jours, et pourtant elle a encore 20 mètres de hauteur; sa circonférence est de 65 mètres; ses murailles ont 1 mètre 62 centimètres d'épaisseur; elles ont, à l'intérieur et à l'extérieur, un revêtement de petites pierres carrées admirablement juxtaposées.

Nous ne pouvons qu'énumérer les nombreux monuments de cette époque ou d'une époque postérieure, quoiqu'ancienne, que renfermait Vésone : Les chapelles : de Saint-Cloud, de Saint-Pierre-ès-Liens, au lieu dit : le Cimetière des Pendus; le château de Barrière, à la Cité; la maladrerie ou léproserie, située au bas du coteau d'Ecornebœuf, sur la rive gauche de l'Isle, du XIIe siècle, et dont les cheminées surtout sont remarquables; des thermes ou bains publics pavés en mosaïque, dont on a retrouvé une salle voûtée construite de la même manière que l'Amphithéâtre et la tour de Vésone; des aqueducs, cinq voies romaines sur Limoges, Cahors, Agen, Bordeaux, Saintes, et ouvrant des communications avec toutes les Gaules. L'étranger visitera avec plaisir le plateau d'Écornebœuf, siége d'une citadelle gauloise d'où la vue s'étend sur le plus magnifique panorama formé par Périgueux et les campagnes environnantes, et le camp de César, dont on distingue encore parfaitement le tracé et certains travaux de terrassement.

Des documents d'une autorité incontestable établissent la priorité de Vezunna sur les autres villes d'Aquitaine, comme siége d'un tribunal pour les causes d'appel.

Périgueux, primitivement le Puy-Saint-Front, offre encore aujourd'hui des restes nombreux de constructions du moyen-âge; ce sont les maisons Duverd, sur la place de la Clautre; celle qui fait l'angle de la rue Taillefer à la rue Saint-Silain, et d'autres, rue Aubergerie, place du Coderc, rue du Plantier; une autre enfin, rue des Farges, connue sous le nom de couvent des Dames de la Foi. La tradition veut que le connétable Duguesclin ait logé dans cette maison, lorsqu'il vint en Périgord.

Vingt-huit tours, reliées par une enceinte, protégeaient jadis le Puy-Saint-Front, et douze portes donnaient entrée dans la ville. Deux d'entre elles seulement ont survécu à la démolition générale : celle qu'on aperçoit près de la rivière de l'Isle, et l'autre, nommée Mataguerre, du nom d'un lieutenant d'Auberoche qui y fut enfermé ; sa construction ou plutôt sa reconstruction date de 1477.

Un des plus remarquables monuments que nous ait laissés la Renaissance est, sans contredit, la chapelle dite de Saint-Jean, située dans le jardin du presbytère de la Cité. Les sculptures en sont très-riches et d'une exécution admirable. L'inscription suivante en indique la date et le nom de son fondateur :

MVCXXI.
GUIDO DE CASTRONOVO (1).

La Renaissance compte, au Puy-Saint-Front, des restes remarquables, qui portent le cachet de cette époque si fameuse dans les fastes de l'art : la maison située rue Limogeanne, propriété de M. Estignard ; celle qui forme l'angle des rues Eguillerie et Saint-Louis.

La maison de Lestrade, sur le Coderc, possède un escalier, chef-d'œuvre du xvie siècle ; une maison, rue du Plantier, se fait remarquer par les plafonds du rez-de-chaussée, à caissons sculptés, et par une grande cheminée au premier étage ; deux autres, situées même rue, les maisons de MM. de Malet et d'Escatha, méritent encore d'être signalées.

(1) Guy de Castelnau, évêque de Périgueux.

La maison Lambert, rue Port-de-Graule, près le Pont-Vieux, et qui a vue sur la rivière, est remarquable par ses fenêtres et par sa galerie à trois étages, donnant sur l'Isle; sur un des chambranles des fenêtres, on distingue les armes de France soutenues par des lions. Les deux premiers étages de la galerie se composent de gracieux pilastres, de colonnes décorées de feuillages, de caissons ornés de rosaces, de portraits, de petits génies, du buste d'un pape entouré de chérubins.

L'ancienne maison Lacout, rue Aubergerie, avec sa tour à créneaux, remonte au XVe siècle; jadis propriété de la famille Salegourde et plus tard de M. Parrot-Larivière, elle renferme aujourd'hui les ateliers de l'imprimerie A. Boucharie et du journal *le Périgord*.

Mais, de tous les monuments de l'ancien Puy-Saint-Front, le plus digne de fixer l'attention est l'église Saint-Front, autrefois celle de l'abbaye, aujourd'hui la cathédrale, qui appartient à l'architecture byzantine. Une croix grecque, imitée de Saint-Marc de Venise et de Sainte-Sophie de Constantinople, cinq coupoles, douze piliers, trente-six fenêtres, trois portes, tel est ce monument.

A gauche, en entrant par la porte de la Clautre, est un rétable ou autel, en bois de chêne, sculpté par un père jésuite nommé Laville, qui a consacré 50 ans de sa vie à ce beau travail. Le sculpteur a représenté l'Assomption de la Vierge et une Annonciation.

Ce chef-d'œuvre est peut-être unique en son genre et mérite l'admiration de l'étranger.

La chaire sculptée par le même artiste offre des détails précieux.

L'église de Saint-Front possède un grand nombre de caveaux, la plupart taillés dans le roc (1). Son clocher, qui a près de 65 mètres, s'élève comme une pyramide; il est sans modèle en France.

Les cloîtres de l'ancienne abbaye existent encore; mais la cour en a été remblayée pour former la cour de l'Evêché; ils sont très-obscurs et très-humides. Une crypte divisée en deux nefs voûtées, de construction très-ancienne, renferme quelques peintures que l'on croit être du XIIIe siècle, et dont le sujet principal paraît être les funérailles de la Vierge, ce sujet favori des sculpteurs et des peintres du moyen-âge. Cette crypte, très-obscure, elle aussi, est adhérente aux cloîtres.

L'Evêché est construit sur l'emplacement de l'ancienne abbaye de Saint-Front dont il reste encore une grande partie des bâtiments sur la rue du Petit-Séminaire.

L'église de la seconde paroisse, dite de la Cité, commande un non moins vif intérêt; elle se divise en deux parties bien distinctes : l'une, à l'ouest, est du XIe siècle; l'autre, à l'est, est du XVIIe. Elle offre, entre autres monuments remarquables : une table

---

(1) L'église de Saint-Front est en voie de restauration, sous la savante direction de M. Paul Abadie, architecte diocésain.

pascale gravée sur le mur latéral du sud ; le mausolée de Jean d'Asside, évêque de Périgueux ; le tombeau de Pierre de Mimet, autre évêque, qui accompagna la princesse Eléonore, fille du roi d'Angleterre, dans les Etats du roi Alphonse qu'elle venait d'épouser ; un maître autel bien sculpté, etc.

La chapelle Sainte-Ursule se fait remarquer par sa voûte, faite en caissons de bois, dans chacun desquels est peint le portrait d'un des principaux personnages du Nouveau-Testament. Ces peintures, un peu effacées, ne paraissent pas sans mérite. Elles sont l'œuvre des religieux dominicains établis dans le couvent par l'évêque Pierre de Saint-Astier.

Périgueux compte 94 évêques.

La vieille ville est généralement triste, obscure, mal bâtie. Mais de nombreuses constructions, rendues nécessaires par l'augmentation incessante de la population, ont amené la création de quartiers nouveaux, de boulevards et de places qui ont changé la physionomie de cette intéressante cité.

Parmi les monuments et établissements modernes, nous pouvons citer le Palais de Justice, dont la première pierre fut posée solennellement le 5 septembre 1829, le Séminaire diocésain, l'un des plus beaux de France, et sa chapelle, édifiés sur les dessins de M. Catoire ; l'Ecole chrétienne, l'Hospice et sa chapelle à coupole, dont tout le revêtement et l'ornementation intérieurs sont en pierre blanche du pays, construite sur les plans de M. Bouillon ; le couvent de la Visitation, le Lycée, le Théâtre, l'Abattoir.

Sur l'emplacement du jardin de M. Chambon, ancien receveur-général, situé à la Cité, a été construit, dans ces dernières années, un noviciat des sœurs de Sainte-Marthe. Les bâtiments en sont bien distribués; ils se composent d'un grand corps de logis faisant face à la rue de la Cité, et de deux ailes. Dans l'aile nord est la chapelle, composée d'une nef d'une grande simplicité de forme, voûtée en berceau, éclairée de sept croisées circulaires. Celle du fonds est ornée d'un vitrail remarquable représentant la Vierge. La voûte est divisée en quatre travées par des arcs-doubleaux supportés par des pilastres à chapiteaux sculptés. Les murs et la voûte sont décorés de peintures dans le style du XIIe siècle, fonds bleu-violet, d'un ton excessivement tendre, avec étoiles d'or, arabesques, enroulements et feuillages de couleurs diverses; l'autel en marbre blanc, les chandeliers, girandoles, boiseries et tribunes sont parfaitement appropriés au style général de l'édifice. Cette chapelle est l'œuvre de M. Vauthier, architecte, qui est aussi l'auteur des plans de celle du couvent des Capucins.

L'église des Barris-Saint-Georges, située sur une éminence entre les deux faubourgs, est encore inachevée. Elle est construite sur les dessins de M. Abadie, dans le style du XIIIe siècle, et toute en pierres de Saint-Georges. Son exécution est très-remarquable ; ce sera l'une des plus belles églises du département.

Parmi les belles promenades de France on cite celle de Tourny, qui domine la plaine du Petit-Change ; les places Francheville, Bugeaud, du Bassin sont des plus remarquables. Sur la place Bugeaud se dresse la statue de l'illustre maréchal. Cette statue, fièrement posée sur son piédestal de granit, est l'œuvre de M. Dumont, de l'Institut ; c'est un des chefs-d'œuvre de la statuaire moderne. Montaigne sur le Bassin, Fénelon à l'entrée de Tourny attestent l'orgueil patriotique qu'inspirent aux populations périgourdines les illustrations sorties de ce sol fécond en personnages distingués, en hommes utiles.

Ces deux dernières statues sont l'œuvre de M. Lanno, sculpteur de mérite, auteur du Fénelon de la fontaine Saint-Sulpice, à Paris.

Le Musée de la ville, appelé à de grands développements, est situé au rez-de-chaussée de la partie de l'abbaye de Saint-Front conservée, rue du Petit-Séminaire, au-dessous de la Bibliothèque de la ville. Il renferme des pierres provenant d'édifices romains très-importants, des inscriptions remarquables, une colonne milliaire du temps de l'empereur Florien, qui ne régna que deux mois ; c'est la seule colonne que l'on connaisse du règne de cet empereur. Elle fut trouvée dans la vallée du Toulon, en 1754. Beaucoup d'inscriptions portent le nom de Pompée. Le Musée est arrangé avec un ordre parfait qui fait honneur à son savant directeur, M. le docteur Galy.

Outre ce Musée, il existe des collections particulières fort curieuses sous tous les rapports, surtout par les monnaies du Périgord; l'une d'elles possède l'*Hélienne*, la seule connue jusqu'à ce jour; elle était la propriété de feu M. de Mourcin, l'un des hommes les plus savants dont puisse s'enorgueillir la ville de Périgueux.

La Bibliothèque, composée de livres provenant des monastères supprimés et d'autres acquis par la ville ou donnés par l'Etat, comprend environ 15,000 volumes; la partie de l'histoire est la plus riche. Elle est tenue avec goût et avec soin par MM. Léon Lapeyre et Tixier, bibliothécaires.

Périgueux possède un marché couvert, de l'ordre dorique grec, construit, d'après les dessins de M. Catoire, sur l'emplacement de l'ancien Hôtel-de-Ville démoli en 1830; un canal et un port d'une superficie de 27,470 mètres carrés, ouvert le 22 novembre 1837.

Périgueux est la patrie de plusieurs hommes fameux dans les sciences et dans les lettres : Anthedius, orateur, de la fin du ive siècle; Anthedius, le poëte, du ve; Paulin, poëte, du viiie; Henry Fayard Hervé, médecin fameux; Rançonnet (Aimar de); François-Arnaud de Laborie; Beaupoil de Saint-Aulaire; Cœuilhe; le général Yrieix Daumesnil, né place Daumesnil, dans la maison où on voit cette inscription gravée en lettres d'or sur une table de marbre placée entre le second et le troisième étage : « Maison Daumesnil. Ici naquit, le 27 juillet

1776, Yrieix Daumesnil, lieutenant-général des armées du Roi. » Le P. Dupuy, auteur d'un livre précieux, l'*Estat de l'Eglise du Périgord*, depuis le christianisme; Laplace, savant avocat; Lagrange Chancel, auteur des *Philippiques*; François du Cheyron du Pavillon, marin célèbre; Antoine Pacot, savant et pieux jésuite, qui a écrit des *Commentaires sur le Symbole*; Léonard Roche, mort abbé de Sablonceaux. Le cardinal Hélie de Talleyrand, célèbre au xive siècle, et dont Pétrarque a dit « qu'il trouvait plus beau de faire des papes que de l'être lui-même, » y est né et y fit ses études.

La ville actuelle peut se diviser en deux parties : la vieille et la nouvelle ville; l'étranger lui-même pourra, d'un seul coup d'œil, distinguer les vieux quartiers des quartiers neufs.

En entrant dans Périgueux par la route de Lyon, tout ce qui est à droite appartient au vieux Puy-Saint-Front, tout ce qui est à gauche fait partie du nouveau Périgueux. L'élégance et la blancheur des maisons, le bon goût qui a présidé à la construction de la plupart d'entre elles, sises sur les cours Fénelon et Montaigne, en rendent l'aspect des plus agréables. La construction de la gare derrière le faubourg Sainte-Ursule favorise la tendance de la ville à se porter à l'ouest, vers le quartier compris entre les routes de Bordeaux et d'Angoulême et situé à l'extrême limite du plateau sur lequel s'élève Périgueux.

Périgueux jouit d'un beau ciel, d'un climat sain, d'un air pur.

Sa situation sur un coteau qui domine de vastes prairies baignées par l'Isle, dont les eaux semblent ne s'éloigner qu'à regret, est une des plus belles que le voyageur puisse admirer. Le spectacle qui s'offre à l'étranger qui arrive dans la ville par le faubourg Saint-Georges est ravissant : c'est d'abord la ville qui s'étend du haut du plateau dans la plaine; au bas, la rivière qui serpente; plus près de soi, de belles et riantes prairies, et au-delà de la ville, les coteaux plus élevés, qui forment, avec ceux qui s'étendent sur votre gauche, comme l'encadrement de ce ravissant tableau.

Partout des maisons d'habitation, châteaux, villas, ou de simples maisonnettes bien blanches, bien coquettes, animent le paysage et se détachent au milieu de massifs ombragés. Saint-Front et son clocher, qui se découpe dans l'azur du ciel et se dresse orgueilleux et fièrement élancé au-dessus de la ville, dominent tout le paysage et achèvent d'orner ce site dont la beauté est sans rivale.

L'étranger qui voudra embrasser dans son ensemble le tableau que nous ne pouvons qu'esquisser en détail gravira le coteau, de forme pyramidale qu'on appelle Ecornebœuf (Escornabiron, Escornabeou, dans le moyen-âge), coupé à pic au nord, du côté de la rivière, où l'on trouve encore les vestiges d'une citadelle gauloise. A sa gauche, de l'autre côté du vallon, il aura le coteau de La Boissière, où les Romains campèrent, à leur tour, sur un emplacement appelé : le *camp de César*; à sa droite, des coteaux vignobles, boisés, ou couverts d'arbres fruitiers, et, devant lui, à ses pieds, l'Isle, la vaste plaine couverte de prairies et de jardins où était assise l'antique Vésone, avec ses temples à Rome et à Auguste, de Bacchus, de Neptune, de Vénus, de Junon, de Jupiter, de Mars, d'Isis et d'Osiris, aujourd'hui la *Tour de Vésone*; ses ponts sur l'Isle, son gymnase, son école, son amphithéâtre, ses thermes, ses basiliques ou palais de justice, son capitole, ses arcs de triomphe; la Cité actuelle, où sont les ruines du château de Barrière, et plus loin, Périgueux, dont les quartiers neufs reposent agréablement la vue longtemps distraite par les sites nombreux et riants d'aspects qui la sollicitent dans tous les sens.

DE PÉRIGUEUX A COUTRAS.

La route la plus directe pour se rendre à la gare est celle qui part de la place Bugeaud ou du Triangle, traverse le faubourg Sainte-Ursule dans toute sa longueur et vous conduit directement à l'embarcadère : c'est, en un mot, l'ancienne route de Bordeaux. La gare occupe un vaste emplacement, à dix minutes de la ville proprement dite, près de la belle chaussée qui conduit au Pont de la Cité que vous voyez un peu plus loin. A travers le rideau de verdure, vous distinguez, comme suspendu aux flancs du coteau, le château de M. le comte de Rouffignac : Castel-Fadaise. Mais voici le signal du départ. A votre droite, vous laissez le cimetière de la ville, dont les épais ombrages voilent les symboles de la mort et font rêver aux splendeurs de la nature en présence même des nombreux témoignages de notre néant; à votre gauche disparaît la chaussée, l'Hippodrome, les coteaux qui lui servent de gradins, la propriété des Isards, heureusement située au point le plus culminant de la côte que gravit la route, et d'où la vue domine les deux vallées presque perpendiculaires que suivent les gracieuses sinuosités de la rivière.

Vous avez traversé sur un remblai formant une courbe de 500 mètres, et qui franchit un viaduc jeté sur le chemin de l'Eglise-Charles, la partie de la plaine où l'on croit que Vésone était jadis bâtie, et vous arrivez au pont biais, à trois arches, d'une belle et solide exécution, jeté sur la rivière, et qui vous fait passer sur la rive gauche de l'Isle et déboucher dans une nouvelle vallée plus riante et plus vaste, à mesure que vous vous éloignez de Périgueux. La vue peut s'étendre au loin sur d'admirables paysages. A droite, nous voyons le château de Salegourde *(Saltus Gordonis)*. Gordon est le nom du chevalier qui, s'il faut en croire la tradition, emporté par son cheval et couvert de sa pesante armure, sauta du haut du rocher qui est en face, à gauche, encore appelé *Saut du Chevalier*, dans la rivière qu'il réussit à traverser à la nage. Penchez-vous un peu à gauche, et vous verrez, au bas du remblai, la fontaine intermittente de Marsac, l'un des plus curieux phénomènes que la nature puisse offrir aux méditations de la science; déjà vous voyez Marsac, petit bourg près duquel sont des débris de peulvans et dolmens druidiques et des traces d'un autel consacré à Auguste; Anthoniac, l'ancienne maison de campagne de Lagrange Chancel, dont vous pouvez admirer la ravissante position et les riants ombrages (1).

A droite, vous apercevez le château de la Roche (2), ainsi nommé parce qu'il est bâti sur un rocher; vous le distinguez à peine dans un massif sombre de bois épais et de belle venue; le château de Siorac construit dans le goût de la Renaissance (3), et vous arrivez à Razac.

RAZAC.

Razac-sur-l'Isle est situé sur un coteau, dans une position agréable. Aucun souvenir ne signale cette petite commune d'où vous atteignez bientôt le rocher escarpé de Montanceix, où se dressent deux châteaux : l'un ancien, à tourelles et à créneaux, datant du XIIe siècle; l'autre moderne (4). Montanceix est célèbre par une bataille livrée sous les murs de la place, en 1652, et dans laquelle les troupes du roi furent taillées en pièces par les Ligueurs.

(1) Aujourd'hui la propriété de M. Georges Dubois.
(2) Propriété de M. Leymarie de La Roche.
(3) Propriété de l'illustre maison de Sainte-Aulaire, d'où sont sortis : M. le comte de Sainte-Aulaire, ex-ambassadeur de France à Vienne et à Londres; M. le marquis de Sainte-Aulaire, membre de l'ancienne chambre des députés.
(4) Propriété de M. de Bousquet, l'un des administrateurs de la compagnie d'Orléans.

A Montanceix, d'importants et difficiles travaux ont été exécutés par la Compagnie pour l'établissement de la voie, à qui on a été obligé de frayer un passage entre la route et la rivière; toutes les difficultés ont été heureusement surmontées.

Un moulin de construction récente dessine ses lignes sur un fonds de verdure et de feuillage; la disposition des lieux, le voisinage du bourg, la proximité de la route, le bruit de l'écluse, la beauté du paysage font de ce point du parcours l'un des sites les plus pittoresques et les plus délicieux que traverse la voie ferrée.

Un peu sur la gauche, dans la commune de Coursac, à Las Groulièras et à la Rambaudie, se voient des débris de constructions romaines; on y a trouvé des haches celtiques et d'autres instruments gaulois en silex.

Le Puy-Saint-Astier, château construit dans le XIVe siècle, ancienne dépendance de la seigneurie de Chantérac; Crognac (1), maison moderne élevée sur l'emplacement de l'une des cinq forteresses construites dans le Xe siècle par Frotaire de Gourdon, pour servir de défense et de lieu de refuge contre les Normands; la vieille tour du manoir de Labatut (2), qui se dessine derrière le rideau des peupliers du canal; Lasserve (3) apparaissent presque simultanément, tant est rapide la course du train

---

(1) Propriété de M. Gadaud, maire de Saint-Astier.
(2) Propriété de M. le docteur de Valbrune.
(3) Propriété de M. le capitaine Parade.

qui vous emporte. A gauche, vous distinguez, à travers les allées d'un admirable massif de chênes, Jéva, charmante propriété qui s'embellit chaque année et dont les vins le disputent en qualité à ceux des bons vignobles de la Gironde (1).

SAINT-ASTIER.

Nous sommes en face de Saint-Astier, autrefois ville murée et défendue par un fort château. Saint-Astier tire son nom de celui d'un pieux cénobite qui vécut dans une grotte, aujourd'hui convertie en tombeau, près de laquelle sont des restes d'une église construite en 980. L'église actuelle est un édifice du XIIIe siècle; c'est un monument qui n'est pas sans mérite, et que des réparations intelligentes pourraient placer parmi nos édifices religieux les plus remarquables. Son clocher, souvent ravagé par la foudre, offre une masse imposante et est l'un des ornements de cette jolie petite ville à laquelle un bel avenir est réservé. L'origine de Saint-Astier remonte au VIe siècle. Entre elle et la voie ferrée se trouve le canal, et à peu de distance, l'Isle.

En 1379, Saint-Astier était au pouvoir des Anglais auxquels le connétable Duguesclin l'enleva. Pendant les guerres de religion, cette ville souffrit beaucoup des siéges nombreux qu'elle eut à subir.

Saint-Astier est admirablement situé dans un ra-

---

(1) Propriété de M. Chouri, chef de la division du contentieux au ministère des finances.

vissant paysage; la culture du sol y est perfectionnée; aussi les produits en sont fort beaux, et le commerce agricole y fait des progrès de plus en plus rapides.

Nous traversons l'Isle sur un pont à cinq arches de 12 mètres d'ouverture, et nous apercevons sur notre droite le château de Puyferrat, construit au xve siècle, jadis la propriété d'une noble et antique famille du Périgord : les de La Porte de Puyferrat.

Les châteaux de Crognac, du Puy-Saint-Astier et de Puyferrat, qui étaient tombés, en 1592, au pouvoir de M. de la Force, lui furent enlevés plus tard par le gouverneur du Périgord, seigneur de Beauregard, en l'absence de M. de Monpezat.

Nous atteignons Beauséjour, qui mérite son nom. Son château, presque en ruines, date du xve siècle et offre une vue des plus admirables; il appartenait aux Talleyrand-Périgord.

NEUVIC.

A gauche, dans la direction de Neuvic, voici le château de Mellet et ses élégantes tourelles, vaste monument du xvie siècle, situé sur les bords de l'Isle et appartenant à la maison de Mellet, qui a fourni à la province tant d'illustrations. Henri IV, roi de Navarre, y fit de nombreuses visites.

Non loin de là dut se trouver jadis un édifice romain, dont les ruines n'ont pu indiquer la destination; on y rencontre aussi quelques traces d'une voie romaine.

Nous passons sur une sorte de quai d'un beau travail, formé par un mur de soutènement de 20 mètres de hauteur et de près d'un kilomètre d'étendue, au bas duquel serpente l'Isle, dont nous admirons à notre aise les nombreux et gracieux méandres sur le fond vert des prairies; puis nous arrivons à la station de Neuvic, ou du Salembre, qui coule à droite et va se jeter dans l'Isle que nous retrouvons bientôt à notre gauche dans la plus délicieuse des vallées.

Le chemin s'engage ensuite dans une tranchée creusée dans le rocher, d'un kilomètre et demi, et se retrouve bientôt aux flancs d'un coteau, comme suspendu sur la rivière.

Voici Douzillac et le château de Mauriac que nous rencontrons sur notre droite, propriété des comtes du Périgord, au XIIe siècle, et donné par Bozon de Grignols à son fils, en 1160; Douzillac, coquettement assis sur un coteau ombragé et fertile, et qui a donné son nom à la magnifique plaine que nous traversons.

La vapeur nous entraîne sur la pente de Saint-Léon de 7 millimètres par mètre et d'une courbe de 1,200 mètres de rayon; nous franchissons la Beauronne et pouvons à peine jeter un rapide coup d'œil sur l'habitation de M. de Montardy et le château de Beaufort, qui touche à la voie et la domine. Déjà nous atteignons Saint-Front-de-Pradoux; là, deux ponts viaducs sont jetés sur la voie : l'un en tôle bronzée pour le chemin qui conduit du bourg à la rivière et à l'église; l'autre en pierre pour la route de Ribérac à Mussidan, et ajoutent au pittoresque de la position.

Nous traversons un nouveau pont à cinq arches de 16 mètres d'ouverture, jeté sur l'Isle, et nous sommes à la gare de Mussidan.

MUSSIDAN.

Mussidan, en latin *Moxedunum*, est une ville fort ancienne; elle était connue dès 980. Située au confluent de l'Isle et de la petite rivière de la Crempse, dans une plaine vaste et fertile, elle a dû à sa position de devenir une des plus jolies villes du département.

On y voit les ruines d'une forteresse du XIIe siècle et une église dont la fondation est très-ancienne, à en juger par le don qu'en fit Louis-le-Débonnaire à l'abbaye de Charroux, en 830.

Prise d'assaut, avec son château, en 1563, par les protestants commandés par de Piles et Larivière, elle fut assiégée, en 1569, par Montluc, assisté du comte d'Escars, du duc de Guise, des comtes de Brissac, de Lavauguyon et de Pompadour. Après huit jours de siége, l'assaut fut donné. Les comtes de Brissac et de Pompadour y périrent; leur mort fut vengée par le massacre de la garnison que les vainqueurs passèrent au fil de l'épée.

Après leur victoire remportée à Coutras, en 1587, les protestants s'emparèrent de toutes les villes sises sur la rivière de l'Isle; Mussidan fut de ce nombre;

mais assiégée de nouveau, quatre ans plus tard, en 1591, par M. de Monpezat, elle fut reprise et resta, depuis lors, au pouvoir des troupes royales.

Le musée de Périgueux conserve la couleuvrine prise sur l'ennemi, dont fit présent à la ville le gouverneur victorieux.

Passé Mussidan, la voie ferrée ne quitte pas la plaine et suit une ligne presque droite jusqu'à la station de Bénévent.

BÉNÉVENT.

Bénévent est le nom d'un petit village qui a donné son nom à la station. Là commence la Double; l'aspect du pays change; il devient triste et monotone.

Il se fait à la station de Bénévent un grand mouvement de marchandises; les transports de charbon de bois sont, sur ce point, considérables.

Mais quels sont, sur la droite, ces vastes bâtiments situés sur le versant du coteau qui borne l'horizon? C'est la chartreuse de Vauclaire, nom retourné de la Clairvaux cistercienne.

« Les fils de saint Bruno, dit un savant archéologue (1), ont trouvé dans la solitude les mêmes charmes que les fils de saint Bernard; ils l'ont fait fleurir des mêmes vertus et briller du même éclat, en lui donnant le même nom. Vauclaire, nom monastique et qui semble prédestiné à orner le désert de

(1) M. l'abbé Sagette, 2ᵉ vol. du *Chroniqueur du Périgord et du Limousin*, sous la direction de M. Amédée Matagrin.

grâces et de vertus, convenait bien à cette large, splendide et paisible vallée de l'Isle, au fond de laquelle on aperçoit les toits aigus et l'élégant campanile de la Chartreuse.

» Vauclaire est bâtie au pied des collines abruptes qui terminent les dernières pentes de la Double et sur les bords de l'Isle. Les pentes escarpées qui la dominent au nord sont couvertes de chênes, de frênes et de pins enchevêtrés de sentiers obscurs qui courent entre les fougères et le long des petits torrents, peuplées d'oiseaux, de bruits et de silences propres à la méditation. Au midi de l'abbaye coule à pleins bords, calme et limpide, l'Isle bordée d'arbres et de prairies, d'ombres et de murmures.

» Vauclaire est une chartreuse du XIVe siècle. Dans les premières années de ce siècle, une petite colonie de moines vint se fixer en ces lieux; Archambaud IV, comte de Périgord, leur permit de s'établir aux rives de l'Isle; le cardinal Hélie de Talleyrand-Périgord les couvrit de sa puissante protection..... Son portrait, conservé dans un des appartements de l'abbaye, porte la date de 1331, qui est sans doute celle où le grand cardinal établit les moines dans leur solitude. Leur séjour dans ces lieux ne fut pas de longue durée; les armées françaises envahirent la Guienne pour l'arracher aux Anglais; les chartreux se réfugièrent à Bordeaux, où ils s'établirent, vers 1383, près du château Trompette. Les Chartrons ou village des chartreux ont gardé le souvenir de leur séjour. Le calme rétabli, la colonie monastique reprit le chemin de Vauclaire, qui devint une des plus vastes et des plus riches abbayes du Périgord. »

Tombée plus tard en commende, elle devint, au dernier siècle, un rendez-vous de chasse pour quelques seigneurs libertins; puis vinrent les barbares démolisseurs de 1793 qui la dévastèrent.

Quoiqu'abandonnée aux souillures des intempéries et aux atteintes destructives du temps et des hommes, l'abbaye de Vauclaire n'en conserve pas moins de véritables chefs-d'œuvre d'architecture et de sculpture. La voûte de l'église est légère, hardie, intacte encore, avec toutes ses nervures belles, régulières, bien conservées; on y voit de riches boiseries, menuiserie du xviiie siècle, où ont été dépensés un rare talent et une immense patience, une grande richesse d'imagination et une incroyable délicatesse de ciseau. Savantes moulures, riches et élégantes consoles, stalles fort belles, guirlandes de marguerites et de roses, attachées avec art et appendues aux portes avec profusion, vous rencontrez là tout ce que le goût de l'époque a créé de plus parfait; quelle habileté dans le ciseau qui a sculpté ces feuilles, ouvert ces jours, découpé ces lobes, arrondi ces contours! C'est la nature dans toute sa grâce et toute sa variété.

L'abbaye de Vauclaire est aujourd'hui une propriété privée.

A peine avez-vous eu le temps de méditer sur les

tristes vicissitudes de l'art et des institutions, que vous arrivez à Monpont.

MONPONT.

Monpont est une ville très-ancienne, située, comme Mussidan, près de l'Isle, dans une belle et riche plaine. Son nom dérive-t-il de celui de son fondateur, qui se nommait *Pavo, mons Pavonis*, ou de celui de l'oiseau de Junon, *mon paon*? Entre elle et Bénévent, il existait une forteresse du nom de *Chalus (Castrum Lucii)*, ouvrage des Romains, composée de six tours, bâties en pierres cubiques, dans le genre de celles des revêtements de la tour de Vésone, et dans les ruines de laquelle on a trouvé des médailles toutes frappées à l'effigie de l'empereur Probus.

Comme Mussidan, Monpont a soutenu plusieurs assauts. Tour à tour prise et reprise par les Anglais, cette ville cessa de leur appartenir, et, en 1370, ils furent obligés d'en lever le siége, grâce au duc d'Anjou et au général de Barbazan, qui commandaient la place.

Les calvinistes la saccagèrent en 1616.

Avant la réunion du comté de Périgord à la couronne, Monpont appartenait à Henri IV comme patrimoine. En 1694, cette ville était dans le domaine et la juridiction de Suzanne-Henriette de Foix de Candalle, et, en 1789, elle était possédée par M. de Beaupuy, à titre d'engagement de la couronne.

Le convoi laisse à droite le village de Cousseau, une usine d'acier, et arrive à la station de Saint-

Médard. Nous sommes dans le département de la Gironde.

SAINT-MÉDARD.

Saint-Médard est une des jolies petites villes situées sur l'ancienne route de Périgueux à Bordeaux. La voie ferrée y franchit une quatrième fois l'Isle. Un beau pont à six arches nous fait passer d'une rive à l'autre. Le paysage est peu accidenté; mais la plaine a repris toute sa fertilité et sa variété de cultures et d'aspects. Nous admirons de beaux vignobles cultivés avec soin; on comprend, en voyant cette nature riche et féconde, que le cultivateur lui consacre ses laborieux efforts, qu'il se livre avec ardeur, goût et intelligence à la culture du sol. De pareils champs ne sauraient être avares, et leurs produits, largement rémunérateurs, font, à la fois, la richesse et la renommée de cette belle contrée.

Nous approchons de Coutras, situé à la jonction de la Dronne et de l'Isle, sur lesquelles ont été jetés deux ponts suspendus.

COUTRAS.

Coutras fut d'abord ville gauloise, puis station romaine *(Corterate)*. Elle passa sous la domination des rois de France en 1453, et fut donné en fief à Odet d'Aydie, dont la fille épousa Jean de Foix.

Le nom de Coutras rappelle la fameuse bataille livrée par le roi de Navarre, le 20 octobre 1587, au duc de Joyeuse, général de l'armée royale, et la victoire du Béarnais.

Engagée à neuf heures, la bataille était gagnée à dix heures. Joyeuse avait éprouvé une déroute complète. Les cadavres de quatre cents gentilshommes et de trois mille soldats catholiques attestèrent le courage des vaincus. Parmi les protestants, un petit nombre de soldats et cinq cents gentilshommes restèrent sur le champ de bataille.

« Plus de sang ! Recevez-les tous à merci, s'écria Henri, après la victoire ; ils sont braves, ils sont Français. Il faut que le roi nous remercie de cette victoire. »

Nobles paroles qui attestaient à la fois un cœur généreux et un profond politique, et dont nous aimons à rapprocher les suivantes, si spirituelles, consignées dans une lettre à Henri III :

« Sire, mon seigneur et frère, remerciez Dieu ; j'ai battu vos ennemis et votre armée. »

Les moulins et le château que l'on aperçoit au-dessous de la ville sont ceux de Laubardemont.

Laubardemont, ce type honteux du magistrat lâche et servile, qui met la passion à la place de l'impartialité et de la justice, et se fait le complaisant des intérêts de quelques-uns, au lieu de ne servir que la vérité. Qui ne connaît le procès des Ursulines de Loudun et d'Urbain Grandier, celui de Saint-Mars et de De Thou ?

C'est à Coutras qu'aboutit l'Isle canalisée, sur une étendue de 109 kilomètres 886 mètres ; passé Coutras, l'Isle est naturellement navigable.

www.ingramcontent.com/pod-product-compliance
Lightning Source LLC
Chambersburg PA
CBHW060500050426
42451CB00009B/736